# COMPTE RENDU

DE CE QUI S'EST PASSÉ

DANS LES SESSIONS DES CORTÈS D'ESPAGNE,

PENDANT LES ANNÉES 1821 ET 1822,

QUI ANNONCE L'AVENIR.

# COMPTE RENDU

DE CE QUI S'EST PASSÉ

DANS LES SESSIONS DES CORTÈS D'ESPAGNE,

PENDANT LES ANNÉES 1821 ET 1822,

QUI ANNONCE L'AVENIR;

Par le Citoyen MORENO DE GUERRA,
Député de la Province de Cordoue.

TRADUIT DE L'ESPAGNOL.

PARIS.
DE L'IMPRIMERIE DE MOREAU, RUE COQUILLIÈRE.
1822.

# AVERTISSEMENT

## DU

## TRADUCTEUR.

Les Cortès d'Espagne, lors de leur dernière session terminée en 1822, n'ont pas voulu aborder l'importante question de l'indépendance de l'Amérique, ni même écouter les conseils salutaires que leur avait donné l'ex-député Moreno-Guerra dans l'écrit qu'il leur avait adressé précédemment. Voyant donc, dès ce moment, se manifester en Espagne plusieurs symptômes de la dissolution qu'il avait prévue et qu'il avait annoncée, si on ne prenait pas des mesures promptes et efficaces qu'il indiquait ; et d'ailleurs, l'Europe, l'Amérique et le monde entier, s'intéressant au sort et aux événemens de l'Espagne, j'ai cru devoir entreprendre de traduire dans notre langue et d'imprimer cet écrit, afin de faire voir qu'il y a, en Espagne, des écrivains qui connaissent la véritable source et la cause des maux qui affligent cette nation héroïque. On pourra juger qu'il y a encore des hommes doués de la force d'âme nécessaire pour faire connaître au peuple et à ses représentans, le besoin indispensable de faire la paix avec l'Amérique ; vérité que l'on a toujours cherché à cacher aux Espagnols, par le vil motif de corruption des courtisans intéressés à trafiquer à Madrid des emplois du Nouveau-Monde, par la cupidité des commerçans, qui rêvent encore au monopole qu'ils ont exercé pendant trois siècles dans les deux Amériques, au moyen des lois restrictives, répressives et prohibibitives, monopole, il est vrai, qui les enrichissait sans peine et sans risque ; mais enfin ces temps sont passés pour jamais, et l'intérêt bien entendu de l'Europe, ainsi que de l'Espagne, exige la paix et la liberté générale de cette riche moitié du monde, dont la découverte a tant influé sur la richesse et la prospérité de l'Europe, mais dont l'émancipation aura encore beaucoup plus d'influence, puisque l'Espagne n'a pas su profiter de ses trésors.

On pourra observer aussi, dans cet ouvrage, que l'auteur avait prévu ce qui à présent arrive à Madrid.

---

# COMPTE RENDU

## DE CE QUI S'EST PASSÉ

## DANS LES SESSIONS DES CORTÈS D'ESPAGNE,

## PENDANT LES ANNÉES 1820 ET 1821,

## ET QUI ANNONCE L'AVENIR.

---

« *Qu'importe à la liberté publique le sort momentané de quelques individus? Notre félicité et celle de nos descendans doit-elle dépendre de quelques hommes? Des affections particulières doivent-elles étouffer la voix de la patrie déchirée par des factions liberticides? La révolution espagnole ne doit-elle servir qu'à faire le bonheur de quelques douzaines d'individus, et le malheur du reste de la Nation?* »

---

Après avoir employé avec assez peu d'utilité publique (mais avec beaucoup de dangers et même à mon préjudice) tous les moyens possibles pour contribuer au bonheur de ma patrie dans les deux assemblées des Cortès, de 1820 et 1821, je ne puis maintenant, d'après ma manière de voir, lui rendre de service plus important que de lui faire connaître la marche des affaires et des événemens, tels qu'ils se sont passés, et non pas comme on les a présentés à une nation généreuse, qui a cru de bonne foi une troupe d'hypocrites politiques.

En butte à la haine et aux roproches de beaucoup de gens irrités de ma franchise (uniquement parce qu'elle contrariait leurs intérêts particuliers), je sais que je m'expose aux derniers traits de leur médisance, masquée sous le titre sacré du bien de la patrie; je n'écris pas pour ceux que leur propre intérêt rend sourds à la raison, mais pour le peuple en général qui n'est jamais injuste, et dont l'illusion se dissipe bien plutôt que ne le voudraient ceux qui n'aspirent qu'à jouir de sa facile crédulité.

La vérité dans sa naissance est généralement mal accueillie, parce que beaucoup de gens ont intérêt à défigurer sa beauté, surtout si elle s'adresse à des personnes qui peuvent faire la fortune d'une foule d'êtres dégradés, qui, sans amour pour la patrie et sans avoir d'opinion qui leur appartienne, ne savent que fléchir devant l'idole du pouvoir, telle qu'elle soit.

Il n'y a que le temps et les grands événemens qui présentent les choses dans leur vrai jour, car il est bien rare de trouver un écrivain contemporain qui ne cherche à flatter l'oreille de celui qui peut le récompenser ou le persécuter. Combien de scélérats ont passé à la postérité avec le titre d'hommes vertueux, parce que la bassesse a consacré leurs crimes? Combien d'honnêtes gens nous ont été représentés comme des pervers, seulement parce qu'ils avaient appartenu à un parti qui avait succombé? Quelles idées fausses n'avons-nous pas eues de la révolution française, qui est pourtant un événement de nos jours? Et combien de fois n'avons-nous pas préféré l'inexactitude à la réalité!

Nous croyions que l'épithète de *modérés*, que les hommes, vraiment libres de la France, donnaient à un autre parti, était l'œuvre de la perversité; et jusqu'au moment de notre révolution, nous n'avons pu parvenir à déchiffrer l'énigme que la *modération*, prise dans une certaine acception, n'est que le talisman de *l'égoïsme* et de la *lâcheté*. Mettons un terme à ces idées préparatoires : la nation éprouve assez toutes ces vérités à ses dépens; nous allons commencer à prendre le fil de l'histoire que nous lui présentons.

Il sera nécessaire de lier l'époque actuelle avec une partie de ce qui a précédé le mois de mai 1814, à cause du rapport qu'ont entre eux ces divers événemens.

La nation espagnole accoutumée à la voix impérieuse d'un gouvernement absolu, et élevée exprès dans l'ignorance de ses droits, entendit avec étonnement les premières idées de liberté; elle regarda comme des oracles les premiers qui les lui annoncèrent, croyant que ces hommes étaient dans la pratique au niveau de leurs théories. Le peuple, qui agit toujours de bonne foi, leur voua une vénération superstitieuse; et les succès de l'Europe liguée alors contre l'empereur Napoléon, contribuèrent beaucoup à établir la haute opinion qu'on s'était formée de ces hommes. Leur courte apparition sur la scène politique leur fut même favorable; et la persécution qu'ils souffrirent ensuite de la part du roi Ferdinand de Bourbon (qui les jugea d'une trop grande importance), finit par faire leur apothéose aux yeux de la nation en général, excepté à ceux des *serviles*, qui ſurent toujours opposés à la constitution et à la liberté.

S'il peut être glorieux pour un parti d'abandonner le champ de bataille à son adversaire, les coryphées du système constitutionnel de 1812 à 1814, peuvent se vanter que leur plus grand exploit d'alors a été de *laisser perdre la liberté de la nation;* et d'après leurs procédés actuels, ils autorisent à penser qu'ils tendaient à ce même but; mais heureusement la résistance des provinces s'est opposée à ce résultat; aussi ont-elles été traitées de rebelles.

Parmi ceux qui se disaient en 1814, les chefs du parti *libéral*, les uns ont été incarcérés et les autres ont émigré; peut-être aujourd'hui se trouvera-t-il quelqu'un qui croira qu'en 1820 ils pensaient ôter à leur patrie les chaînes dont ils la laissèrent accabler en 1814; mais il est arrivé tout le contraire : le gouvernement absolu n'a pas eu d'ennemis plus pacifiques; et si même on peut leur accorder ce titre, on peut presque assurer aussi que plusieurs d'entre eux ne se sont montrés opposés au gouvernement, *que parce qu'il ne leur avait pas accordé d'emplois à son service.*

Sur plusieurs points de l'Espagne on a conçu à différentes reprises, le généreux projet de lui rendre sa liberté, et l'on n'a vu aucun de ceux qui prétendent être maintenant ses champions, prendre une part directe ni indirecte dans les plans qu'on formait à ce sujet. Il ne suffit pas de dire que leur exil était un obstacle ; car l'expérience a démontré qu'il n'y a rien d'impossible pour l'homme qui a une volonté ferme et déterminée ; et si nous admettons l'excuse de ceux qui étaient sous les verroux, je ne vois pas ce que pourront alléguer ceux qui, ayant émigré en pays étrangers, faisaient de basses protestations d'obéissance, et déclaraient que leurs opinions n'étaient nullement conformes à celles de *Don Pedro Pascasio Fernandez Sardinó*, qui eut le courage de soutenir une feuille périodique à Londres, sous le titre du *Constitutionnel espagnol*, pour combattre le despotisme qui existait alors.

Les hommes qui firent cette démarche, croyaient sans doute par ce moyen attendrir la tyrannie ; il paraît qu'il entrait dans leur plan de dépenser, tant à Londres qu'à Paris, *la pension que leur accordait le gouvernement anglais ;* ils nous faisaient d'ailleurs l'honneur de traiter d'absurdes et hors de saison nos projets en faveur de la liberté de la patrie ; car, c'est ce que l'on peut inférer des réponses du comte de Toreno et d'autres, aux sollicitations que je leur adressais de Gibraltar, pour les engager à coopérer au plan de l'armée libératrice.

Cependant, parmi les prisonniers et les émigrés dont je parle, il y a eu des personnes respectables que je me dispense de nommer, car je ne m'adresse qu'à ceux qui ont l'audace de se croire bien supérieurs à nous, et je veux aussi éviter de citer le mérite de quelques autres, pour ne pas les exposer à partager avec moi les invectives d'un *modérantisme* insolent.

On préparait une armée pour opprimer les habitans de la rivière de la Plata, et le génie de la liberté espagnole a permis que d'un principe si funeste résultât un grand bien. C'est dans le cercle de cette armée que s'est opérée la révolution, et non ailleurs, comme le prétendent quelques uns pour diminuer son mérite.

Le malheureux succès de Vidal à Valence inutilisa les plans qu'on avait formés auparavant, et tous ses auteurs, ou la plupart, se trouvant dans l'impossibité d'agir, nous restâmes réduits à notre cercle unique. Quoique le mouvement ait été protégé sur presque tous les points de la Péninsule, il faut avouer que les destins de la nation ont été décidés *par une résolution si héroïque*, et l'on sauva l'armée de *San Fernando* qui se trouvait déja compromise dans le mois de février. Malgré cela on ne pourra lui disputer la gloire de s'être prononcée la première. Mon intention étant de faire connaître les circonstances postérieures, j'ai cru à propos de rappeler brièvement quelques faits précédens, afin de ne pas présenter à mes lecteurs des observations sans bases ni principes fixes.

Le comte de l'Abisval, excité par le traître Sarsfiels, et par d'autres individus intéressés à la guerre ruineuse de l'Amérique, nous amena le malheureux jour du 8 juillet 1819. La révolution fut donc alors suspendue; mais je dirai, pour l'honneur de la vérité, que ce chef prit de si foibles mesures, et que la persécution fut si légère (quoique j'aie été un des trois les plus persécutés), que le plan subsista dans son entier, et que ce fut le même dont l'explosion éclata le 19 janvier 1820.

Riégo tira l'épée, *à las Cabezas*. Il fut suivi de quelques braves qui affrontèrent toute sorte de dangers, et dans le mois de février ils étaient à leur comble ; mais malgré tout cela la liberté fut victorieuse et la constitution fut proclamée dans toute l'étendue du territoire Espagnol.

Il fallut avant tout satisfaire le prestige militaire accoutumé aux grandes décorations; aucun général n'était alors du parti de la liberté, car cette idée ne remontait pas au-delà des chefs de bataillon, et les trois galons du grade de colonel, qui par bonheur se trouvaient sur les paremens de l'habit de Don Antonio Quiroga, décidèrent de son élection pour chef de l'entreprise.

Les prisons s'ouvrent par les efforts de l'armée libératrice et de ses coopérateurs ; nos frontières et nos ports offrent un asile aux mêmes hommes qui ont laissé périr le système constitutionnel de 1814, et qui (bien loin de témoigner leur reconnaissance à leurs bienfaiteurs, et de chercher à se disculper aux yeux de la nation de leur inéptie, ou de leur peu de prévoyance) ont l'audace de se présenter de nouveau sur la scène de la révolution, comme les régulateurs de nos destins et de nos opinions. Le prestige national les plaça dans les premiers emplois, croyant que le malheur, les événemens et l'expérience les auraient rendus meilleurs. Ce choix obtint l'approbation générale : Nous avons payé bien cher notre sotte crédulité.

Au lieu de former, (avec ceux qui avaient fait la révolution de 1820) une masse qui aurait été indestructible, ils devinrent leurs ennemis les plus acharnés. Soit qu'ils se crussent humiliés par la gloire de leurs libérateurs, comme le sculpteur devant la statue, ouvrage de ses mains, soit qu'ils les regardassent comme un obstacle à leurs vues d'un *modérantisme ambitieux*.

Dès que l'administration eût tombé dans leurs mains, ils ne nous ont fait voir d'autre plan que de placer dans tous les emplois les hommes de leur époque. Lorsqu'un des grands biens qui devaient résulter de notre changement politique, était la suppression des emplois trop multipliés, nous avons vu que, dans le court espace écoulé depuis l'établissement du ministère appelé *libéral* de 1820, jusqu'à l'installation des Cortès, on a placé plus d'individus en proportion que dans les temps des *Godoy*, des *Macanaz*, des *Moyano* etc. Il semble qu'on ne se qualifiait de *libéral* que pour en être récompensé par de bons emplois, et non pas pour l'avantage de la patrie. Beaucoup obtinrent les mêmes dont ils jouissaient quand ils laissèrent périr la liberté; on regarda comme une dette de leur restituer ceux qu'ils occupaient alors, et on leur paya leurs émolumens, malgré leur émigration, ou leur exil : Enfin, il faut avouer que malheureusement ils ont réalisé ce que les *serviles*, leurs adversaires, ont dit contre eux : *qu'ils n'étaient libéraux que pour commander*, *jouir, et se placer au-dessus des autres, tandis qu'ils devaient être au-dessous.*

On installa les Cortès en 1820, et ce corps (qui devait être le soutien de la liberté du peuple contre les attaques de la faction ministérielle) devint au contraire l'appui du ministère, excepté un petit nombre de députés : mais si l'on fait attention aux élémens dont il était composé, on ne pouvait en attendre d'autres résultats.

Le congrès Espagnol de 1820 et 21 était formé en grande partie d'individus identifiés avec le ministère de 1820, quant aux intérêts, aux opinions et aux affections particulières, de personnes absolument étrangères à la révolution et qui ne devaient leur élévation qu'au rang qu'elles occupaient dans le lieu de leur demeure; de quelques *partisans du système du précédent despotisme*, lesquels ne se trouvent dans le foyer de la révolution que parce-qu'ils ont su se conduire avec une certaine adresse; et enfin d'un très-petit nombre des restaurateurs de la constitution et de la liberté, qui, par une conséquence nécessaire, devaient participer au malheureux sort de leur parti.

Il fallait que le ministère, pour completter son plan, eût non-seulement une grande influence sur les Cortès, mais même qu'il y dominât, comme cela est arrivé. Tout était favorable pour cela, car, outre ce que je viens de dire, il y avait parmi les députés un grand nombre qui lui était redevable de beaucoup de grâces et d'emplois; les autres étaient des individus de leurs secrétariats; et le surplus des employés du pouvoir exécutif, lesquels pensaient à leur sort futur, lorsqu'ils cesseraient d'être membres de la législature pour retourner à leurs postes. Les hommes, qui jusqu'alors n'avaient pas pris part à la révolution, se trouvaient désorientés, et adhéraient de bonne foi aux opinions de ceux qui étaient généralement regardés comme les coryphées des idées *libérales*. En voyant ce tableau, on peut juger des résultats.

Il convenait aux vues du ministère et de sa faction de former, ou disons mieux, d'égarer l'opinion du Congrès, et pour cela, on se servit (qui le croirait!) du Code même qui devait être le garant de nos libertés. Des Cortès nés de la révolution, qui n'avaient rien de commun avec les anciennes, se soumettent servilement à leurs actes, et rendent un hommage d'esclaves, non seulement aux choses, mais aux hommes d'alors.

On établit dans le sein du Congrès une intolérance constitutionelle sur les opinions libres et sur les discours ; et les mots *d'ordre et de modération*, funestes pour la liberté espagnole, étaient proférés despotiquement contre ceux des députés qui n'entraient pas dans le plan du ministère, et on leur interdisait la parole en déclarant la clôture de la discussion.

Dans cet état de choses, le ministère put aisément se servir des Cortès, puisqu'il avait la majorité ; les suffrages du petit nombre de ses adversaires lui importaient fort peu, et bientôt il commença à développer ses projets contre tout ce qui lui paraissait s'opposer à son pouvoir ; et l'anéantissement de l'armée qui s'était prononcée en faveur de la liberté étant un des principaux objets, on prépara cette opération par une tentative dont voici l'exposé :

Le brigadier Don Alexandre O-Donell, colonel de l'imperial Alexandre, fut privé de son régiment (ainsi qu'une partie de ses officiers), par le ministre de la guerre, qui était alors le marquis de Las Amarillas (bien connu par son amour pour la liberté). Ce même corps avait proclamé la constitution, à laquelle le comte de l'Abisval avait prêté serment à Ocaña, événement dont l'influence se fit sentir à Madrid, et jusque dans le palais même du roi. Il est facile juger quel était son crime.

Ce chef, ainsi que ses officiers, porte ses plaintes au congrès national; le résultat devait être contre le ministre, mais au lieu d'exiger de lui la responsabilité de cet attentat, on agite la question d'interpréter *la neuvième faculté du roi*, et mettant en avant les sophismes accoutumés dans d'autres occasions, on décide en faveur du ministre. Dès ce moment la liberté resta à la merci du pouvoir exécutif, et l'on nous a fait voir *qu'il peut y avoir de bonnes lois écrites, en même temps que le despotisme mis en pratique, et surtout contre les militaires.*

Les choses étant ainsi préparées, le ministère crut pouvoir porter à l'armée de *San Fernando* le coup qu'il méditait; en conséquence on expédia des ordres pour désigner différens points de garnison hors de l'Andalousie à la plupart des corps dont elle était composée en en refondant quelques uns. Le général Riégo qui la commandait, eut ordre de se rendre en Galice et de passer par Madrid, sous prétexte que S. M. désirait le connaître. On donna à Espinosa le gouvernement de Tortose; Arco-Aguëro et Lopez Baños furent commissionnés hors de l'armée, et enfin tout fut disposé pour détruire la force à qui l'on devait la liberté et la constitution.

Quelques uns d'entre nous qui nous trouvions à Madrid, et qui pouvions observer de près toutes ces manœuvres, l'intention perfide qui les dictait, et le danger qu'il y avait de disséminer le seul corps qui pouvait faire respecter une révolution naissante, nous nous empressâmes d'adresser à nos amis de Cadix et de l'armée des avis opportuns. Il en résulta une opposition formelle à cette mesure, contre laquelle il parut une représentation des trois généraux qui restèrent à leur poste, et de diverses corporations de cette province.

La non-réussite de cette première tentative fit connaître au ministère ainsi qu'à son parti, qu'il fallait en préparer une autre d'une combinaison plus étendue, et en même temps la cacher aux partisans de l'armée, qui se trouvaient à Madrid. Le ministère les connaissait parfaitement, parce que nous avions la bonne foi de nous confier à ceux qui avaient l'*apparence* de se réunir à nous pour la cause de la liberté, tandis qu'ils n'étaient que les organes du ministère, soit dans notre société particulière, soit dans le sein même du Congrès.

Afin d'éloigner tout soupçon, on feignit de négotier la chute du marquis de *Las Amarillas*, en faisant retomber sur lui tout l'odieux de la mesure avortée de la dispersion de l'armée. Tous les ministres avaient pris part à l'intrigue; mais on voulait faire croire que, lorsque Amarillas ne ferait plus partie du ministère, il n'y aurait plus rien à craindre; puisque tous les autres étaient connus par leur *libéralisme*.

Que de mal nous ont fait certaines réputations usurpées! On fit en même temps passer à Cadix et à l'île de Léon un chanoine, frère du général Riégo, pour l'engager à se rendre à Madrid : d'autres individus de Cadix et de Seville prirent part à la scène; et séduit par eux, le malheureux Riégo se sépara de ses amis, de ses compagnons d'armes : il vint à Madrid, et dès-lors il fut perdu, et devint le jouet de toutes les factions et des deux ministères de 1820 et 1821.

J'ai dit que le dessein du ministère était de nous envelopper avec d'autres dans son plan contre l'armée et ses chefs; mais cette attaque devait avoir lieu dans le Congrès même, quand on aurait réussi à désorganiser l'armée, après lui avoir enlevé son général, qui se trouvait en bute à la persécution, par la même raison que son crime était d'*avoir fait passer de l'exil au ministère*, *au congrès et à d'autres emplois importans*, *des hommes qui l'ont persécuté et calomnié*.

Sous le prétexte puéril et méprisable de quelques cris poussés au théâtre *du prince* contre le chef politique, le général Riégo (qui n'y avait d'autre part que d'être un des spectateurs) est exilé à Oviédo ; il en est de même de Velasco, qui était alors gouverneur de Madrid, d'Evariste Saint-Michel, de Manzanarés, de Nuñez et d'autres. L'affaire est portée aux Cortès ; le ministre et ses partisans prennent la parole ; on développe tous les ressorts du mensonge et de l'hypocrisie, et la raison resta confondue. Un grand nombre de représentans du peuple écoutent un ministère calomniateur avec la soumission respectueuse d'un esclave : on lance au milieu du parti libéral le tison de la discorde, par le moyen de l'infâme invention des *pages*. Par déférence pour le ministère, le Congrès sanctionna cet acte scandaleux qui opprimait une portion de citoyens illustres et militaires, sans aucune forme légale.

*Espagnols!* ce jour-là a donné le coup mortel à notre liberté naissante, qui n'a pu se relever, et qui ne présente que de temps en temps quelques efforts languissans.

Le plan du ministère fut secondé à Séville par le général Don Juan O-Donojú; par cet homme captieux et intrigant, qui (après avoir laissé perdre l'ancienne Espagne par ses calomnies) passa à la nouvelle Espagne pour traiter avec les indépendans, non pas en faveur de leur indépendance et de leur liberté, mais dans le dessein de satisfaire son ambition et sa soif de commander, et de dominer, et pour tromper les Américains, comme il avait trompé les Européens : j'en dirais davantage s'il vivait encore.

Mais ce que la nation espagnole ne doit point ignorer, c'est qu'il fut l'auteur des *infâmes pages*, et conséquemment de toutes les erreurs du premier ministère, auquel il persuada par ses lettres (c'est ce que j'entends par les *pages*) que Riégo, l'armée libératrice, plusieurs citoyens de Cadix et même des députés des Cortés cherchaient à établir une *république*.

Par un mouvement simultané, et suivant les apparences préparées d'avance, on vit tout-à-coup exiler de Séville les colonels Don Fernando *Miranda*, et Don Santos *San Miguel*, ainsi que les lieutenans-colonels *Cirés* et *Osorno* avec la même précipitation et le même éclat dont on avait usé à Madrid, sans que jamais on ait donné connaissance à la nation des motifs de semblables procédés.

Il n'était pas étonnant de voir de toutes parts des panégyristes de ces attentats, si l'on considère la foule d'hommes qui s'étaient constitués les commensaux du ministère, et ceux qui aspiraient aux emplois, sans s'occuper des maux de la patrie, et tant d'autres qui croyaient deviner les causes d'après les effets qui se présentaient à leurs yeux d'une manière déguisée par la faction adulatrice du ministère.

Dès lors, quoique nous prétendions tous être *libéraux*, nos opinions sur la manière de voir les choses sont devenues entièrement divergentes, et on a fait l'usage le plus odieux des événements accidentels, pour envelopper plusieurs individus dans des soupçons présentés avec un caractère mystérieux, qui a beaucoup de force sur certains hommes dont les opinions ne sont pas bien enracinés, et qui même en proclamant les théories *libérales*, ne sont que des *serviles*, si on les examine en détail, parce qu'ils n'ont pas des idées fixes et philosophiques.

Le ministère et son parti voulait commander; mais il faut qu'il avoue qu'il a adopté un plan absurde, qui fait voir son peu de connaissance en politique. Ils voulurent prendre le ton des grands employés chez d'autres puissances, surtout des ministres d'Angleterre qui, selon eux, méprisaient l'opinion publique, et ne faisaient aucun cas de la *populace*, mais qui savaient suivre leur marche avec énergie, sans écouter les clameurs du peuple. Ils voulurent introduire parmi nous la tyrannie, le despotisme et tout l'orgueil du ministère anglais, sans réflechir que tout cela est mauvais, très-mauvais, et né de la corruption.

Mais comment s'y prirent-ils pour semer cette ivraie et ces vieilles idées dans un terrain neuf, bien différent de l'Angleterre? Aussi, n'en ont-ils retiré que des fruits bien amers, en méconnaissant qu'ils étaient les enfans naturels de la révolution espagnole; que c'était elle qui les avait élevés à ce rang, et qu'entreprendre de contrarier la révolution à sa naissance, c'était un plan aussi insensé que de vouloir arrêter un boulet de canon dans son trajet.

Par la même raison, les déclamations de leurs partisans étaient bien ridicules, lorsque, dans le deuil de leur déposition, en mars 1821, ils attribuaient leur chute aux *exaltés*, aux *jacobins*, aux *républicains*, et d'autres extravagances de cette nature. Ils devaient bien plutôt reconnaître qu'eux-mêmes avaient bu la cigüe, en voulant détruire la révolution qui était le principe de leur existence. Le roi et ceux qui le connaissaient, virent bien que ces messieurs s'étaient dénationalisés ; il arrêta hardiment leurs projets, et ils payèrent bien cher la folle prétention d'avoir voulu jouer, en Espagne et dans l'élan de la révolution, le rôle des Londonderry, des Pasquier et des Méternich.

Je me garderai d'affirmer la droiture des intentions du roi, en renvoyant le ministère de 1820, car je ne veux pas sonder le for intérieur, et je n'ai pas dessein de le flatter ; mais je pourrais dire qu'il aurait rendu par là un service à la liberté, si notre bonheur eût permis que leurs successeurs de 1821 n'eussent pas été de la même espèce, s'ils n'eussent pas hérité de leur plan de campagne et du poison de leurs opinions : ainsi notre sort, loin de s'améliorer, s'est empiré par la stupidité et la méchanceté des derniers, et nous restons sous le despotisme des factions, avec des formes légales en apparence; ce qui, dans mon idée, est la situation la plus à craindre en politique.

Pour preuve de cela, nous voyons persécutés et ensevelis dans les fers nos plus dignes compatriotes, et leur sort entre les mains de leurs ennemis les plus acharnés, de même que s'ils étaient au pouvoir de l'abominable inquisition, sans qu'on en connaisse encore les causes. Si, d'après les bruits qui circulent, *c'est pour leur attachement au général Riégo, et parce qu'ils honorent son nom illustre*, peut-on faire à une nation une plus grande insulte? Je dis que si on le tolère plus long-temps, nous pouvons regarder le système de la liberté comme détruit de fait, et qu'on ne nous conserve les signes visibles de la constitution que par une sorte de dérision et pour nous tromper comme des enfans.

Tout est grand dans les événemens d'une révolution, autant le mal que le bien; conséquemment il est très-difficile de réparer les premières erreurs, et encore plus les égaremens de l'opinion, surtout chez certains hommes qui ne pensent pas par eux-mêmes, et qui prennent pour guides de leurs opérations, ceux que leur caprice leur fait regarder comme les meilleurs, ou de qui ils espèrent retirer quelques avantages, car ce sentiment domine toujours chez les êtres stupides, et s'accroît en raison de leur nullité.

Ce motif et le fanatisme (car il existe aussi en politique) produit une guerre de passions, pour lesquelles nous voyons continuellement les hommes se déchirer, se détester les uns les autres, sans se connaître et sans qu'eux-mêmes puissent dire le motif de la querelle. Voilà où nous ont conduit les idées semées par le ministère de 1820, et recueillies avec usure par celui de 1821; car, malgré leur chute, leur secte a subsisté au milieu d'une certaine société secrette et parmi certains hommes entre les bras desquels ils se sont jetés au moment de leur agonie, et qui, d'après les apparences, sont restés chargés d'accomplir leurs dernières volontés, en se conformant à leur testament comme à des préceptes divins.

La société qui, jusqu'alors, avait servi à tracer le plan du système qui devait amener la réforme, s'est changée en instrument de vengeances et de vues particulières, dont les armes cachées sont devenues traîtres et perfides sous le masque qui les couvre, et funestes à la liberté civile, comme doit l'être dans un pays libre tout ce qui ne porte pas le caractère d'une publicité franche. Il n'y a que les esclaves qui cachent leurs opérations. Que ceux qui prétendent souiller l'honneur des hommes libres, se présentent publiquement dans la lice, et abandonnent cette politique sombre qui deviendrait par la suite aussi destructive que l'inquisition d'état à Venise.

Il serait trop long de suivre les opérations respectives de chacun des ministères passé et actuel; si nous n'avions pas le dessein de faire connaître à la nation certains détails, il suffirait de dire qu'ils ont trouvé l'état malade, et qu'ils ont cherché à le tuer entièrement, de sorte qu'il ne se soutient plus que par le peu de force qui lui reste de celle qu'il a eue précédemment.

*État.* — Les opérations de ce ministère devant être vues extérieurement, c'est ce que l'on peut moins faire connaître dans le royaume; mais ce qu'il y a de certain, c'est que l'Espagne, comme on le voit par les papiers étrangers et par les actes de quelques gouvernemens, jouit de moins de considération extérieure que les régences barbaresques. Le secrétariat des affaires étrangères ne sait pas d'autres nouvelles que celles qu'on débite à la *porte du Soleil.*

C'est ce que nous avons vu, lorsque les Cortès ont voulu être informées de ce qui avait rapport à cette branche, à moins qu'on n'ait pas jugé à propos de confier quelques mystères cachés au congrès national. Il serait superflu de parler des employés diplomatiques après ce qu'en a dit le député Romero-Alpuente, et moi-même en parlant du consul de Gibraltar. On peut assurer que depuis le premier ambassadeur jusqu'au dernier consul, tous sont aussi libéraux et constitutionnels que *Montenegro* et *Rivas;* mais il paraît que les ministres se sont fait une surdité qui méprise les clameurs de la nation; aussi, tolèrent-ils qu'à Paris, centre des opérations de nos *serviles*, on adresse au ciel des prières publiques pour la destruction de notre constitution.

*Gouvernement de la Péninsule.* — Pour faire de ce ministère un portrait ressemblant, il y a beaucoup à dire, ou bien peu de chose, si nos lecteurs veulent faire l'observation que ses opérations sont entées et liées intimement avec toutes les branches de l'administration, et surtout si l'on veut se rappeler qu'il est l'auteur *du Plan du modérantisme*, *des pages*, *et des fils*, ainsi que de celui de placer et de conserver à tous prix, et partout les hommes d'une certaine époque. Voyez l'esprit public éteint dans la capitale, et dans les provinces ; la nullité des progrès de tous les établissemens qui lui appartiennent; l'obstination, enfin, de maintenir dans les autorités des hommes plus que suspects à la liberté, ou pour mieux dire, ses ennemis déclarés, et que la nation juge des maux dont elle est redevable au ministère présent et passé.

*Outre-mer.* — Dans la situation où se trouvent ces régions, le ministre qui en est chargé devrait être rayé de la liste de ses collégues, et du moins nous épargnerions la somme qu'il coûte. Si ce qu'on a fait dans cette partie n'a été d'aucune utilité pour les Américains ni les Espagnols, ceux qui s'en sont mêlés en ont bien retiré assez de profit. Mes lecteurs me permettront de les entretenir sur ce sujet, plus que je ne voudrais, car mes détracteurs me traitent de fanatique sur les événemens d'Amérique, parce que je n'écoute pas avec vénération le délire de quelques-uns, et les discours hypocrites et intéressés des autres.

Ne rappelons pas l'époque où quelques spéculateurs avares et usuriers, soutenus par l'étourdi *Ugarté-Berriozaval*, s'enrichissaient aux dépens d'une guerre fratricide, plus immorale que le commerce des nègres, puisque tout cela se passait sous un gouvernement qui se disait *despotique ;* mais il est épouvantable que cela soit arrivé sous un système philosophique, et que des hommes qui se regardent au-dessus des *libéraux*, persistent à suivre les mêmes plans.

On devait espérer qu'à la naissance de la révolution espagnole, on se conduirait, à l'égard de l'Amérique, d'une manière grande, digne d'un gouvernement *libéral* et qui peut-être, eût pu nous en ramener quelque partie; mais le génie de l'indépendance américaine a voulu que l'on fît tout le contraire.

On commença par lui accorder dans le congrès une représentation ridicule, en lui désignant seulement, comme une espèce de grâce, trente députés suppléans, et en lui adressant des manifestes qui leur présentaient en même temps des offres et des menaces.

Le ministre d'alors, don Antonio Porcel, (dont la tête n'est pas forte en affaires d'Etat, et qui ne laisse pas d'en avoir quand il s'agit des siennes), ne voulut pas que celle dont il était chargé, se perdît dans ses mains : il initia les Cortès dans le prestige soutenu jusqu'alors sur les choses de l'Amérique; se fit nommer conseiller d'Etat; et, par ce moyen, il se retira du champ de bataille, dont il voyait le succès incertain : les Cortès continuèrent à regarder la révolution de l'Amérique comme une chimère; on comptait sur elle comme sur une province d'Espagne, et on écoutait des propositions, par exemple, celle d'établir des universités à

Cordoue dans le Tucuman, à Monté-Video et d'autres semblables. On accédait à tout dans l'idée de montrer que ce pays était entièrement sous notre domination, et l'on avait grand soin de ne pas parler de la vraie situation de l'Amérique, parce que, selon quelques-uns qui se qualifient de fins politiques, c'eût été ouvrir les yeux de la nation : pour moi, je ne crois pas qu'aucun publiciste soit d'avis qu'une nation soit trompée par ses représentans. C'est ainsi que se passa la première législature de 1820.

Dans l'intervalle qui s'écoula jusqu'à la seconde de 1821, il commença à arriver une quantité d'individus intéressés à entretenir la discorde entre les Espagnols et les Américains. Affectant de jeter du mépris sur ces derniers, qui pourtant les avaient forcés de fuir, ils venaient prêcher la guerre ; mais aucun d'eux ne s'enrôle pour la faire, et tous demandent en Espagne des récompenses, et la solde arriérée qu'ils prétendent leur être due. Pour se faire des prosélytes, ils mêlaient l'honneur national avec ce qui n'était qu'entêtement et défaut de calcul ; cependant ils trouvaient des gens confians dans la foi du charbonnier, parce qu'il se rencontre des têtes chevaleresques, et parce que parmi ces nouveaux venus, il y en avait quelques-uns qui avaient apporté *de quoi courtiser et fêter leurs amis;* car pendant qu'ils avaient été en Amérique, ils n'avaient pas négligé d'imiter Verrés dans son gouvernement de Sicile.

Une partie du Congrès, déjà imbu de la haine contre les Américains, et jugeant d'après les mémoires de Porcel et de Cuadra, qui peignaient comme gagné ce qu'ils étaient au moment de perdre, commença à participer aux affections personnelles de ceux qui ont choisi le gouvernement espagnol pour instrument de leurs vengeances particulières.

Le général Morillo trouve, non-seulement des défenseurs, mais des panégyristes, dans le sein même de la représentation nationale, et hors d'elle parmi des hommes qui prenaient le titre de *libéraux*. Je demandai *qu'on fît rendre compte de sa conduite* à un homme qui revenait en Espagne, après avoir perdu une armée, une vice-royauté et un gouvernement général; je ne reçus que des refus amers, et bien loin de lui appliquer *la loi*, il est à peine arrivé, qu'on lui confie un commandement pour lequel il paraît qu'il était attendu. Je demande, aux hommes qui pensent, un moment de réflexion sur toutes ces manœuvres ; les motifs de son retour ; les personnes avec lesquelles il a traité ; et ses liaisons avec Montenegro.

Je pense qu'il n'y a que deux manières d'envisager la question de l'Amérique : *ou les Américains ont la volonté de rester unis à l'Espagne ; ou le gouvernement espagnol a la force nécessaire pour les obliger à réaliser cette volonté.* La rapidité avec laquelle s'est effectuée l'émancipation de ce continent, détruit complettement la première partie de la proposition, malgré ce qu'ont dit quelques personnes sur la prétendue adhésion des Américains au gouvernement de la péninsule. Quant à la seconde, oh ! plions le feuillet : tous ceux qui voient et entendent n'ont pas besoin que j'en dise davantage, pour savoir ce qu'il en est ; ou bien, que l'on voie la situation de nos arsenaux, etc., etc.

Dans cet état de choses, des envoyés de Colombia se présentent pour traiter avec notre gouvernement ; et lorsqu'on devait saisir cette occasion pour en tirer le meilleur parti possible, il semble que la discorde se soit emparée des esprits de ceux qui ont dû penser plus aux intérêts de l'Espagne, qu'aux moyens d'exercer une basse vengeance.

Voilà ce qui arrive lorsque ceux qui sont à

la tête du gouvernement ne se dépouillent pas de toute affection particulière, pour se placer dans une sphère au-dessus de toutes les petites passions des hommes en général ; et quand ils se jettent, au contraire, dans un parti, et qu'ils manquent des connaissances nécessaires, ils deviennent le jouet de ceux qu'ils choisissent pour leurs conseillers particuliers. M. Pelegrin croyait que Valladolid de Mechoacan était situé dans la nouvelle Grenade : M. Pelegrin est le ministre des colonies ; les conseillers de M. Pelegrin sont du nombre de ceux qui veulent la guerre d'Amérique, etc.... qu'en devait-il arriver !!!

Les envoyés présentent au ministère l'objet de leur négociation, *en prenant pour base l'indépendance de leur pays.* Je ne dirai pas si l'on devait, ou non, adhérer à cette proposition ; mais je soutiendrai qu'on devait du moins donner une réponse décisive, en terminant l'affaire avec la franchise convenable au gouvernement de la nation espagnole, au lieu de tenir une conduite pitoyable qui nous fera toujours tort dans l'opinion, et qui sera préjudiciable, si ce n'est pas à toute la nation, du moins à une infinité d'Espagnols, qui, dans ce moment même, sont au pouvoir des dissidens.

Salarier des écrivains pour adresser des insultes aux Américains, quand nous en avions un grand nombre dans le sein même du congrès; les calomnier par des invectives ridicules et injurieuses à notre nation même, en supposant que les Américains la faisaient agir à leur gré par des moyens pécuniaires (et tout cela dans la plus grande effervescence de la révolution de l'Amérique) je ne sais où notre ministère a étudié cette politique.

Beaucoup de gens présentent des projets écrits sur les moyens de pacifier l'Amérique; mais jusqu'à présent nous n'avons pas vu que quelqu'un ait donné un traité sur la volonté, qui prouve que celle des Américains incline pour le gouvernement espagnol; on fait, au contraire, tout ce qu'il faut pour leur donner de l'éloignement. On ne voit non plus personne qui offre de l'argent, des soldats et des vaisseaux; en revanche, on débite des calomnies, des mensonges, des sarcasmes, des injures grossières, et des nouvelles contradictoires.

On réunit lés Cortès extraordinaires, auxquelles les infirmités publiques et les miennes particulières m'ont empêché d'assister; en quoi nous aurons tous été contens, les Cortès ainsi que moi; puisque, dans la séance du 30 mai, elles voulurent me faire mon procès, et elles déclarèrent qu'elles n'étaient pas satisfaites de moi ; et cela, parce que je manifestai l'opinion, que l'on pouvait dire du nouveau plan de finance, qu'il était fait pour détruire la constitution et la nation, comme on le voit déjà se réaliser ; ainsi, elles ne se seront pas aperçues de mon absence, et je puis dire que, de mon côté, je m'en suis trouvé très-bien ; car, si elles n'étaient pas satisfaites de moi, j'étais beaucoup trop satisfait d'elles. Ce fut ainsi que je m'en expliquai dans les dernières séances de juin ; en parlant des priviléges, des prohibitions, de la contrebande et des contrebandiers : je dis à l'improviste, que ce serait peut-être la dernière fois que je parlerais dans le congrès, parce que, si l'on continuait le funeste système des prohibitions, je je me ferais contrebandier à Gibraltar ; car je vis bien qu'il ne servait de rien de parler, et que c'était me tuer inutilement.

Comment ces fameuses Cortès extraordinaires ouvrent-elles leurs travaux ? En portant le dernier coup à la séparation de l'Amérique, par l'exclusion des députés suppléans, dont la présence dans le Congrès soutenait encore la crédulité de quelques-uns des habitans.

Quel contraste présente cet acte avec la conduite des mêmes Cortès lors de leur installation en 1820! Elles légitimèrent alors la députation suppléante, et c'était ce que devait faire le corps législatif, dans cette circonstance, quoique le mode de son élection n'eût pas été tel qu'il devait l'être de la part du pouvoir exécutif. On n'adhéra point à la protestation de don Francisco Carabaño, député de Venezuela, qui prétendait que le mode d'élection de cette représentation avait été illégal : on en ordonna le dépôt aux archives, et on le força d'accomplir le mandat.

On trouva donc alors des raisons légales pour que les suppléans siégeassent; et il paraît que maintenant il y en a pour les exclure. Prétendre que l'Amérique soit une partie de l'Espagne, et qu'elle n'ait pas de représentans, c'est un galimatias et un jargon que je ne comprends pas, et qui ne peut exister que lorsque les passions, et non la raison, ni la loi, agissent sur la destinée des nations. C'est une contradiction manifeste avec la constitution même, qu'on interprète d'une manière si arbitraire. En me fondant sur ce qu'elle contient, je désirerais qu'on répliquât au raisonnement suivant.

*Buenos-Aires*, par exemple, est territoire espagnol, dit la constitution (art. 10); celui-ci avec les autres territoires, compose la nation espagnole (art. 1er.); cette nation doit être représentée en Cortès partous ses députés (art. 27): ainsi quelque partie ne l'étant pas, parce qu'on ne consent pas qu'elle le soit et parce qu'on *chasse ses représentans*, cette partie restera hors de la nation. Ceci sera encore plus clair, si l'on fait attention que cette partie non représentée ne concourant point à la formation des lois, ne pourra être forcée de s'y conformer, puisque les lois sont faites par les Cortès (art. 131): les Cortès se forment de la réunion de tous les députés de la nation (art. 27): la nation est la réunion de tous les Espagnols des deux hémisphères (art. 1er.): donc si tous n'y assistent pas, il n'y a pas de lois pour ceux qui n'y ont pas concouru; et si ceux-ci n'y concourent pas, parce qu'on les repousse, il est clair qu'on ne veut pas qu'ils fassent partie de la nation, puisqu'on refuse d'admettre leurs représentans.

Précisons encore davantage; ou Buenos-Aires fait partie de la nation espagnole, et, dans ce cas, elle doit avoir ses représentans, ou bien elle n'en fait pas partie si on n'admet pas ses représentans : en un mot, on a abandonné les territoires insurgés ; ainsi ils appartiennent à celui qui les occupe. Il résulte de tout cela que ceux qui voulaient contester l'indépendance de l'Amérique par les articles de la constitution, en employant des déclamations stériles, en bouleversant des points de droit, où il ne s'agit que de points de fait, ont déclaré très-constitutionnellement son émancipation. Et il y a des gens qui appellent cela du savoir !

*Grâce et justice.*—Pour bien qualifier les opérations de ce ministère, laissant de côté les évêques obstinés et les prêtres rebelles, il suffit d'examiner la marche du pouvoir judiciaire. Jusqu'à présent, on n'a expédié avec promptitude d'autres causes que celles des patriotes, dont l'amour de la liberté les a fait réclamer contre les abus soutenus par le gouvernement : Ce ministère, par une conséquence naturelle, doit marcher dans le même sens que tous les autres. Nous terminerons en disant que peut-être il a fait quelques grâces, mais aucune justice.

*Finances.*—Par où commencerai-je à parler de cette branche ? C'est un hérisson qui présente ses piquans, de quelque côté qu'on le saisisse; on pourrait dire avec exactitude qu'elles n'existent point : on a créé autant d'abus qu'on a voulu introduire de moyens. Il faut pourtant rendre, au ministre de ce département, la justice que toute la faute ne doit pas retomber sur lui. Le congrès national n'a pas peu contribué à ses bévues; car c'est à lui que l'on doit les emprunts ruineux, et les fameux plans de finance et de tarifs, qui suffiraient pour ruiner plusieurs empires comme celui de Darius.

Prohiber ce qui n'est pas manufacturé dans le pays, sous prétexte du futur contingent de fabriques, qui n'existent que dans quelques imaginations, est l'idée la plus extraordinaire que l'on puisse concevoir en économie politique! On reconnaît là l'empire des mœurs, et on aperçoit un contraste rare entre *les libéraux de prohibitions*, *les libéraux fanatiques*, *les libéraux aristocrates* et *les libéraux de beaucoup autres espèces* : ce qui fait voir que les théories ne sont que du charlatanisme, quand elles ne sont pas établies parmi des hommes qui s'inclinent par eux-mêmes ou bien qui savent penser.

Une des choses que la nation regardait avec le plus d'horreur, était l'établissement odieux des visites dans l'intérieur du royaume. Qui pourrait croire que cette multitude de gardes formât une armée, depuis qu'on se vante d'avoir secoué le joug de l'oppression ! Ce qui est certain, c'est que depuis qu'on a créé le *nouveau* RESGUARDO, *le* RESGUARDO *militaire*, en laissant subsister *l'ancien* RESGUARDO, il y a en Espagne plus de contrebande qu'il n'y en eut jamais, et il y en aura jusqu'à ce qu'on supprime les prohibitions.

On trouve en abondance tout ce qui est prohibé; c'est une preuve que les partisans des prohibitions reconnaissent qu'elles sont non seulement ridicules et nuisibles au revenu de l'état, mais encore qu'elles contribuent à la démoralisation, en rendant les uns dénonciateurs, et les autres fraudeurs.

Il en résulte en même temps, d'armer les Espagnols les uns contre les autres ; car il entre dans la tactique de ceux qui favorisent l'introduction des grandes contrebandes, d'arracher des mains du malheureux une livre de tabac pour son usage, ou une chemise neuve pour sa femme, et d'aller ensuite aider à l'introduction des grandes cargaisons de la même espèce. Quel horrible tableau présente une nation, qui se dit *libre*, et qui est divisée en contrebandiers et en persécuteurs de la contrebande !

Que dirons-nous maintenant des employés réformés ? Invention ruineuse par la multiplicité des traitemens inutiles, et aussi immorale qu'indécente pour la constitution.

D'abord, parce que cette mesure n'a été qu'un prétexte pour placer leurs partisans, ou s'en créer de nouveaux, et ensuite parce qu'elle laisse à penser que l'inimitié de tant de subalternes pourrait faire chanceler le système.

Triste gouvernement que celui qui a recours à de telles mesures contre ses sujets ! Une cause aussi juste que la nôtre, posséde en elle-même des bases solides, qui ne peuvent être détruites que par une mauvaise administration. Cependant ces mesures, quoiqu'absurdes, pourraient être moins mauvaises, si elles étaient uniformes, c'est-à-dire, si elles embrassaient toutes les classes.

Mais y a-t-il rien de plus choquant que de voir, que dans le même temps qu'on redoute le dernier individu d'un bureau, ou d'un *resguardo*, on place et on conserve dans le conseil d'état des hommes connus pour leur opinion opposée au système de la liberté ? On ne pourra pas dire que cela a été fait par le roi, ni par une faction ennemie de la constitution : c'est le congrès national qui les a présentés. Il faut pourtant avouer que l'intérêt général n'a pas joué un grand rôle dans le choix ni dans la conservation.

Enfin, je crois superflu d'en dire davantage sur un objet dont les effets, par malheur, se touchent de bien près, et comprennent tous les individus de la société, de quelque rang qu'ils soient. Que l'on multiplie, autant qu'on voudra, les lois, les projets, les réglemens, leur propre nature s'opposera à leur accomplissement, parce qu'on ne peut donner une forme à une matière qui n'existe point. Tout ce charlatanisme, ou ces plagiats d'économie politique, n'ont servi qu'à faire la fortune de ceux entre les mains de qui sont tombées les finances, et dont le plan a été de tirer, pour eux-mêmes, parti de la révolution, sans s'inquiéter des conséquences, puisque probablement ils ne se trouveront pas dans les dangers; car on ne les rencontre que là où il peut y avoir du profit.

Malgré tout ce que pourront dire les calculateurs, je ne puis m'empêcher de comparer en grand les finances d'un état à celles d'un particulier : s'il possède dix, et qu'il veuille dépenser cent, il est certain qu'il aura un déficit de quatre-vingt-dix; et si, au lieu de diminuer la dépense qui l'occasione, il a la folie de l'accroître et de diminuer en même temps ses ressources, il n'y a pas de doute qu'il est en état de faillite ou de *banqueroute*, situation dans laquelle nous nous trouvons maintenant.

Ne cherchons point à soutenir plus long-tems un prestige qui doit nous devenir funeste, et qui ne peut aller plus loin. Il en est de même de l'opération ruineuse, et mêmeinjurieuse à la nation, de faire tous les ans un emprunt chez l'étranger. En général, les hommes pensent, et en savent maintenant autant, ou peut-être plus que ceux qui gouvernent; mais, surtout, le langage symbolique et mystérieux n'est bon que dans les pays d'esclaves, que l'on force à obéir sans examen ce qui formerait un étrange contraste avec nos idées vantées de libéralisme.

*Guerre.*—Le ministre de la guerre a trouvé, en général, des cadres de régimens, et un corps de troupes réuni, qui montait à peu près à vingt mille hommes bien disciplinés et équipés, dont on aurait pu envoyer quatre ou six mille en Sicile, comme je l'avais proposé. Cela aurait suffi pour nous emparer de cette île, qui a cessé de nous appartenir par un caprice de la Parmesane, seconde femme de Philippe V.

Le ministre a pris de tels arrangemens, que bientôt toute l'armée s'est trouvée réduite à des cadres; il a permis que la plupart des officiers, qui pouvaient fonder les espérances de la patrie, se fissent rentiers, ou employés, et nous ne savons point si, sans compter les chefs et les officiers, on pourra trouver assez d'élémens pour former des corps capables d'entrer en campagne, s'il s'en présentait l'occasion.

Cependant, comme je me suis proposé d'être impartial, j'excuserai en partie le ministre; car je doute qu'il ait eu le pouvir de contenir la frénésie, qui, par malheur, s'est manifestée dans notre transformation politique. Le mauvais exemple a commencé dans l'armée même de San Fernando, où, quoiqu'il y ait des officiers très-dignes de l'avancement qu'ils ont obtenu, et quelques uns qui n'ont rien eu, il y en a d'autres qui se sont procurés grades sur grades, en se montrant seulement quand il n'y avait plus de danger.

Ce que nous avons en grande abondance, et assez pour commander un demi-million de soldats, c'est ce qu'on appelle *état-major*; et quoique par modestie je n'ose pas dire que ce soit le meilleur de l'Europe, il est du moins très-brillant et l'on peut en tirer bon parti, car on y trouvera des chefs de tous grades, même pour commander dans la marine nationale, avantage qu'on ne rencontrera peut-être pas dans les états-majors des autres nations.

Je ne sais si je dois compter aussi la garde civique, ou milice locale, dans le département de la guerre, car son réglement est si idéal, si philosophique, si méthaphysique et politique, que si ce n'était pour la bonne qualité des hommes dont elle se compose en général, on pourrait la regarder comme une chose nulle; mais la bonne volonté et le patriotisme des individus supplée à l'imperfection de son organisation. D'après ce que j'ai eu la satisfaction de voir sur plusieurs points principaux de l'Espagne, on peut assurer que cette milice forme la force principale de l'état dans les conjectures actuelles.

*Marine.*—Je crois que parler de ce département, ce serait une espèce de plaisanterie, ou d'ironie; car si de rien on ne peut pas faire quelque chose, il est aussi impossible de rien dire sur ce qui n'existe point. Cependant je ne parle que des vaisseaux et des matelots; car, quant aux généraux et aux officiers, surtout, dans les hauts grades, nous avons sûrement de quoi équiper une flotte aussi considérable que celle d'Angleterre.

Néanmoins, nous pouvons nous flatter de l'espoir que tout s'arrangera par le moyen des négociateurs qui sont allés en France chercher des vaisseaux de guerre ; mais nous ne savons pas pourquoi on n'a pas préféré de réparer ceux qui nous restent : il en serait du moins résulté l'avantage de procurer quelques moyens de subsistance aux malheureux ouvriers de nos arsenaux, : ce sont des secrets réservés au divan.

Dans de telles affaires, si on ne fait pas le bien de la nation, on fera celui des négociateurs, et c'est en quoi consiste le patriotisme de quelques uns de ces messieurs. Enfin jusqu'à présent, nos côtes sont très-bien bloquées par un ou deux misérables corsaires des insurgés d'Amérique. On peut juger par là de la situation de la marine espagnole, et de la folle manie dé vouloir soutenir la guerre d'outre-mer, qui ne sert qu'à nous épuiser.

*Résultat de ce qui précede.*—Un politique célèbre a dit que, s'il était possible, il faudrait faire toutes les réformes le premier jour d'une révolution. Le parti abattu est alors anéanti, ou étourdi de sa chute ; il voit devant ses yeux l'image de sa destruction totale, et il consentirait volontiers à être réduit à la nullité, pourvu qu'on lui laissât la vie, qu'il recevrait encore comme une grâce : mais la réforme n'est jamais générale et radicale.

Les chefs des révolutions y étant encore novices, adoptent des systèmes qui paraissent très-bons en théorie ; ils veulent acquérir le titre de héros par des actes de générosité, qui retombent au détriment de la patrie. Alors les vaincus commencent à revenir de leur première stupeur ; ils voient que le coup n'est pas mortel ; ils reprennent leur sérénité, réfléchissent, et dès ce moment commence la contre-révolution.

Des hommes qui n'ont pas fait la révolution viennent s'y placer, et y réussissent facilement en se faisant remarquer et en jouant le patriotisme, ou bien en se formant un parti qui les prône et les désigne pour occuper quelqu'emploi. Ces personnages tendent à rivaliser avec les premiers chefs de l'entreprise ; pour cela, ils ont besoin d'appui, et ils vont le chercher dans le parti abattu, ou parmi les indifférens, sur lesquels on peut toujours compter quand on est les plus forts. Pour cela, ils se déclarent les protecteurs de ceux qui font alors le rôle de malheureux ; ils censurent la rigueur avec laquelle ils ont été traités par ceux qu'ils appellent *révolutionnaires*, et le résultat de toutes ces manœuvres est de faire marcher la *contre-révolution* à pas de géant. C'est alors que le parti vaincu reprend de l'audace, et que ceux qui, dans le principe, s'étaient contentés qu'on leur laissât la vie, veulent déjà commander, et regardent leurs vainqueurs avec mépris.

Les hommes étrangers à la révolution, après s'en être emparés, en suivant le plan que nous venons de tracer, sont obligés d'accorder protection au parti vaincu, afin qu'il leur soit redevable de son rétablissement. Ils remettent de nouveau dans leurs mains, les rênes de l'État, en leur donnant des emplois. Les clameurs des hommes libres se font entendre ; mais s'ils sont en petit nombre, on les force à se taire, par des actes de despotisme qu'eux et leurs partisans appellent *des mesures énergiques*; et s'ils se contentent de faire des représentations, elles ont le sort de celles que nous avons déjà vues, le mépris du gouvernement.

Le parti une fois relevé de son abattement par les intrus de la révolution, suit la marche progressive, naturelle à toutes les opérations humaines. Il ne se contente plus d'être au niveau de ses vainqueurs, mais il veut déplacer même ses protecteurs, en quoi il réussit aisément, puisque ceux-ci lui ont donné des armes contre les premiers, sans considérer qu'ils les tourneraient contre eux-mêmes.

C'est ainsi que faisant le tour du cercle que nous venons de décrire, nous voyons, par exemple, un *Sanchez-Salvador* devenir l'arbitre du sort de *Riégo*, et les plus déterminés patriotes opprimés par un *Martinez-de-San-Martin*, et par un *Morillo*. Que méritent donc ceux qui nous ont conduits à cet état d'avilissement, par leur ambition et leur orgueil? Le mépris suffira-t-il pour leur châtiment?

Si le 7 juillet 1820, les Cortès ne s'étaient pas fait connaître au roi, par la plus dégradante humiliation, en se prosternant à ses pieds, se mettant à genoux et lui baisant la main, peut-être que le roi n'aurait pas refusé, ou suspendu, sa sanction à leurs lois les plus bienfaisantes, telles que celles des sociétés patriotiques, des fiefs et des mines de la péninsule.

Si le ministère de 1820, pour imiter les Anglais, ou avoir plus d'autorité pour commander despotiquement au nom d'un roi constitutionnel, *ou pour tout autre objet*, n'avait pas interprété *arbitrairement* la constitution, en donnant au roi, par leur interprétation, plus de facultés, que *lorsqu'il était absolu*, etc. s'il n'avait pas détruit l'armée libératrice, et avec elle *l'esprit public*, il ne se serait pas vu dans la nécessité de *tourner casaque et de devenir jacobin*, en changeant *précipitamment* de conduite, au mois de novembre de la même année 1820, lors des événemens de l'Escurial, dans lesquels on tourna en ridicule, non-seulement ces mêmes prérogatives du trône, et les facultés royales qui avaient été si vantées auparavant, mais même la personne royale, qui eut à souffrir des désagrémens par un si violent changement.

Les ministres ne purent mieux faire que d'appeler de Cadix, malgré la peste, le général *don Cayetano Valdés*, pour les garantir et les sauver, à l'abri de son nom, de son mérite, et de ses vertus. Et quoiqu'il soit certain que ce général se servît de tous ses talens, pendant qu'il fut chargé du ministère de la guerre ; qu'il tira le général *Riégo* de l'oubli et de l'exil pour l'employer honorablement, ainsi que tous les autres persécutés de l'année 1820, en donnant à *Espinosa* une destination brillante ; etc., etc. ; malgré tout cela, le ministère était tellement *dépopularisé*, que le général *Valdés* ne put le sauver de sa ruine totale au mois de mars 1821, et il participa lui-même à sa disgrâce, quoiqu'on ne pût lui attribuer aucune faute dans les imprudentes bévues que nous pleurons encore.

Dieu seul sait jusques à quand nous en gémirons, car les *serviles* n'auraient pas osé rappeler au roi, ainsi que l'assure la voix publique, son décret du 4 mai 1814, ni les six années de *son pouvoir absolu*, *ni sa légitimité venue du Ciel*, *ni les chambres*, *ni les pairs*, ni tant de choses comme on le dit, si le ministère de 1820, par la plus ridicule interprétation *de la neuvième faculté royale*, ne lui eût pas fait croire qu'il pouvait disposer *à son gré* de la force armée, en mettant, s'il le voulait ainsi, les officiers dans un endroit, les sergens dans un autre, et les soldats d'un autre côté ; traitant ainsi les militaires qui avaient rétabli la constitution, plus mal que les Lacédémoniens ne traitaient leurs ilottes ; les Romains, leurs esclaves ; et nous-mêmes, nos nègres des plantations de sucre.

Le parti qu'on appelait *servile*, au commencement de la révolution, était, par sa nature, si peu important, qu'il ne méritait pas même qu'on en fît mention; mais les erreurs grossières de ceux qu'on nomme *libéraux*, lui a donné l'ascendant qu'il possède aujourd'hui. Sa force ne consiste pas dans le nombre, ni dans la qualité des hommes dont se compose ce parti, mais dans celle que nous avons perdue nous-mêmes à cause du système contraire à la liberté, suivi par *tous les pouvoirs*. Si nous voulions en faire connaître quelques-uns, ce serait leur rendre un hommage qu'ils ne méritent pas, et qui aurait une apparence de flatterie; mais si nous devons parler avec la vérité digne d'une nation libre, personne ne doit être plus coupable à ses yeux, que les députés qu'elle a chargés de soutenir ses droits; car ils se sont conduits de manière à compromettre le système constitutionnel, ce que les *serviles* regardent, et avec raison, comme le plus grand de leurs triomphes.

C'est d'après cela que les pays et une quantité d'individus se voient maintenant compromis, car se trouvant revêtus d'un pouvoir qu'ils n'ont pas sollicité, et où ils n'ont d'autre emploi que le conseil, ils doivent pourtant opposer quelques actes que le despotisme *qualifie* de désobéissance, quoiqu'ils ne soient que des oppositions légales aux tentatives *trop hardies* d'une faction, excitée par la faiblesse des premiers fonctionnaires, dont la mauvaise conduite nous fait craindre une guerre civile et la dissolution générale de la nation.

D'autres causes contribuent encore à agraver nos maux présens, qui proviennent tous d'une mauvaise administration, et non pas du système établi, comme on prétendrait le faire accroire au peuple. Sur quels raisonnemens pourrait-on s'appuyer pour persuader qu'une nation civilisée ne peut être heureuse et contente sous des lois qui garantissent sa sûreté individuelle et son existence politique? leur inobservation est la cause de nos calamités. Qu'ont de communs les réformes partielles, les mauvais réglemens, et même les bévues et les erreurs d'un corps législatif, ou les procédés arbitraires d'un gouvernement, *avec son code fondamental?*

Les plans extravagans et ruineux de crédit public, de finances et de tarifs, proviennent-ils de la constitution? Le désordre des finances, et cette disproportion monstrueuse entre le produit et les dissipations, dépendent-ils aussi de la constitution? La manie de multiplier les employés pour satisfaire la soif insatiable des prétendants, et pour placer des protégés, est-ce encore la faute de la constitution? Il en arriverait de même si elle n'existait point, et si le roi peut donner les emplois et les ôter à son gré, n'étant tous, selon la qualification que leur donne le ministère de 1820, à l'instar de l'Angleterre, que de simples commissions!!!..

Ainsi avec cette interprétation, personne n'est assuré de son sort, et il en résulte que tous les employés sont les esclaves du gouvernement, et qu'ils doivent toujours être prêts à exécuter ses ordres, *bons ou mauvais*, pour ne pas s'exposer à perdre leurs commissions.

Il en résulte aussi que les uns les regardent avec froideur, et les autres avec beaucoup *d'affection*, pour tirer de ces *commissions* éventuelles le plus de substance possible.

La marche malicieusement apathique du pouvoir judiciaire, surtout dans les causes d'état, vient-elle de ce qu'il y a une constitution? Est-ce aussi par elle que l'on juge les délits? La désorganisation complète et générale de l'armée, et de la marine, par la faute des ministres et des inspecteurs malveillans, ou ineptes, sera-t-elle due à la constitution? Ces deux branches n'ont-elles pas leurs ordonnances particulières?

Si la nation ne jouit pas de plus de considération extérieure, elle le doit à l'incapacité ou à la mauvaise foi du ministre qui en est chargé, et non parce que la constitution nous dégrade aux yeux des étrangers; si l'esprit public s'est éteint, les causes en sont bien connues : elles ne proviennent toutes que des actes despotiques et inconstitutionnels du ministère, et de la criminelle indolence avec laquelle le congrès a vu fouler aux pieds les droits du peuple, sans avoir pensé, pendant deux ans, à exiger la responsabilité des fonctionnaires publics, seule garantie de notre liberté.

Mais nos passions mesquines rendent notre malheur même agréable, quand nous voyons commettre quelqu'injustice envers nos ennemis individuels, sans réfléchir qu'ils ne sont que les premières victimes d'une contagion qui n'épargnera personne. Le système constitutionnel est-il la cause de la perte presque totale de l'Amérique? Elle ne vient au contraire que de l'inobservation de la constitution; et si l'on ne prend pas sur le champ des mesures efficaces (violentes même, si l'on veut), on perdra la péninsule et tout, tout.

Est-ce donc encore une des dispositions de la constitution, que, pour soutenir le prestige que nous sommes paisibles possesseurs de l'Amérique, on pourvoie à tous les emplois des pays émancipés ? Les prétendans à ces emplois savaient très-bien qu'ils ne pouvaient se rendre à leurs destinations supposées ; mais ils les demandaient et les acceptaient pour solliciter ensuite ici un équivalent : infâmes égoïstes! et vous vous appellerez patriotes! Qu'en résultera-t-il ? de nouvelles charges pour les malheureux habitans de la péninsule, dont on voudra exiger, non seulement la conservation de cette classe de négociateurs, mais encore le fléau des innombrables employés qui reviendront d'Amérique, comme un effet indispensable des changemens politiques de ce pays. On peut assurer d'avance que ce sont, en général, autant d'ennemis de notre liberté, parce qu'ils n'ont connu que le gouvernement absolu, et qu'ils ont contracté l'habitude d'exercer là bas le despotisme et la tyrannie la plus raffinée.

Si la constitution, dans l'opinion des *serviles*, est la cause des maux de la nation, je crois qu'il suffira de leur faire voir, s'ils ne le savent pas, qu'il y a une constitution en Angleterre, ou du moins tous les actes et les usages d'un peuple libre, ce qui est la même chose. Il y en a une dans les Etats-Unis de l'Amérique et ailleurs, et ce sont précisément les nations les mieux organisées et les plus puissantes. Il est nécessaire de répéter mille fois que le mal n'existe pas dans la constitution, mais dans son inobservation, et en ce que ceux qui la font mouvoir ne sont pas tous des hommes libres, quoiqu'ils soient très-*libéraux*, selon l'opinion de beaucoup de gens.

La moindre inadvertance les fait pencher vers la servitude dans laquelle ils ont été élevés : aussi on doit remarquer, qu'en même temps qu'ils se piquent d'observer religieusement la constitution, et même qu'ils s'en servent contre les ennemis des libertés du peuple, on les voit néanmoins, au milieu de tant d'exploits, accomplir à la turque les préceptes de ce même gouvernement qu'ils regardent comme mauvais, mais seulement pour des motifs particuliers à l'offenseur, ou parce qu'il n'est pas né au milieu de ses détracteurs. Il faut convenir que la liberté n'est plus qu'un être imaginaire le jour que l'on commet la première infraction à la loi, quel que soit celui contre lequel on vient à l'enfreindre. La justice doit avoir un bandeau sur les yeux, sans faire exception de personnes ; au contraire, nos juges et nos mandarins ne voient que les individus et ce qu'ils possèdent, ou ce qu'ils peuvent en retirer.

Il faut aussi remarquer qu'il est presqu'impossible que les institutions *libérales* fassent des progrès dans les mains des ci-devant agents du despotisme. La semence répandue au milieu des ronces et des brousailles peut-elle prospérer, si l'on n'écarte pas les obstacles qui lui nuisent?

On doit bien se convaincre que la liberté ne se soutient point seulement par des lois écrites, même en supposant que les fonctionnaires ont la volonté de les exécuter. La liberté ne se conserve que lorsqu'elle est répandue dans la masse générale du peuple, et qu'il est disposé à ne pas souffrir la violation de ses droits : *la tolérance des hommes qui se voient avec indifférence traités comme des esclaves, fait naître les despotes et les tyrans.*

On ne reprend pas ses chaînes par les mêmes moyens qui ont été employés la première fois : la chose se présente d'une autre manière, et les personnages qui paraissent sur la scène, ne sont plus les mêmes. Celui qui ne reconnaîtra pas ces acteurs dans notre révolution, sera un bien faible observateur, puisqu'ils ont déjà franchi une partie du chemin. Je crois que si, par malheur, nous succombons, (ce qui ne peut arriver qu'avec le consentement de la nation), ce ne sera pas par un décret comme celui du 4 mai 1814; ce ne seront pas non plus les *Elios*, les *Eguias*, les *Macanazés*, les *Villavicencios*, les *Labradores*, les *Villamiles*, qui ouvriront la marche du cortége. Ces individus, ainsi que tous ceux de leur parti, conservent leur ligne de réserve, dans l'espoir que d'autres leur ouvriront la route pour envahir la liberté. *Le modérantisme forme aujourd'hui l'avant-garde du servilisme.* C'est en éteignant l'esprit public, en désarmant le peuple par des actes despotiques, sous prétexte de maintenir l'ordre, en rebutant les hommes libres, ou en les rendant indifférens à la cause commune, pour éviter les calomnies et les persécutions qu'ils débarrassent la route devant ceux qui veulent détruire la liberté. Mais ce qu'il y a de plus étrange, c'est que le jour que les *modérés* se verront perdus, en reconnaissant que les *serviles* n'épargnent pas même ceux qui les ont servi, ils voudraient alors que ce même peuple, qu'ils se sont efforcés de rendre nul, devînt *jacobin*, comme il arriva au premier ministère en novembre 1820, lorsqu'il se trouva exposé à la bourrasque.

*On obscurcit l'évidence quand on perd le temps à définir ce qui est incontestable* : je reconnais ce principe, afin de démontrer que tout ce qui est exposé dans le paragraphe précédent, est suffisamment prouvé par tout le cours de notre révolution, et par des faits encore récents. Les *libéraux modérés* commencèrent, en 1820, à attaquer *Riégo*, pour amener les événemens qui coïncident avec ce fait. *Libéral modéré*, c'est *Moréda* ; c'est le marquis de *Campoverde*. On a vu ce qui est arrivé à Grenade pour le portrait du même *Riégo*, et ce qui vient de se passer à Séville. *Libéral modéré*, c'est encore Martinez de San Martin, et *aussi Morillo*, et enfin le ministère actuel, car la nation a bien vu la manière d'agir de tous ces messieurs.

Je crois à propos de faire quelque observation sur l'acception que je donne à l'expression de *modérantisme*, afin que mes lecteurs ne me regardent pas comme un ennemi de la modération, qui est une vertu aussi estimable dans la société, que dans le caractère particulier de chaque individu, si on la comprend bien dans son vrai sens. Je veux seulement parler d'une espèce de secte qui se forme dans les révolutions, et qui, en prêchant la modération, ressemble à ces fanatiques de religion, dont les actions se trouvent en opposision avec le titre qu'ils adoptent.

Ils veulent diriger la marche du système, et l'accommoder à leurs fins particulières. Ne sachant pas même, pour l'ordinaire, combiner deux idées, on les voit décider d'un ton doctoral, et poser pour dogmes leurs opinions particulières. Ils deviennent insolens et intolérans comme tous les autres; ils sont toujours les panégyristes du gouvernement, et surtout ennemis capitaux des hommes libres, qu'ils traitent d'*exaltés*, parce qu'ils ont plus de prévoyance, et qu'ils méprisent leur ignorante présomption : voilà les *modérés* dont je parle dans différentes parties de cet écrit.

ESPAGNOLS!

Il me semble absurde et même criminel en politique, de vouloir traiter les nations avec cette dissimulation dont on fait usage dans la société. Il est certain que la vérité est amère; mais lorsqu'elle est dite à propos, elle arrête les maux, et c'est d'ailleurs le devoir d'un honnête homme. Quelles vues peut avoir celui qui cache au peuple la situation où il se trouve, et les vraies causes de son danger? Il y a pourtant des gens qui appellent cela, *politique!* Ce sera, sans doute, dans le dessein qu'il ne pourvoie point au remède, et que sa mort politique arrive au moment qu'il y pensera le moins, à l'exemple d'un médecin qui, en donnant ses soins à un riche malade, entretient sa crédulité avec des palliatifs, malgré la gravité de sa maladie, pour ne pas lui déplaire, et pour lui épargner l'amertume d'un remède fort et salutaire qui lui rendrait la santé; mais, enfin, nous voici arrivés au point où les déguisemens ne sont plus de saison, et où l'on ne peut plus aller en avant avec des mensonges et des artifices, ni avec des intrigues obscures et des trahisons.

Notre situation politique est critique, sans doute, mais elle ressemble à celle où se sont trouvées toutes les nations à certaines périodes de leur régénération. Elles sont toutes parvenues à leur but, si la totalité ou la majorité l'a voulu avec une ferme volonté. La péninsule contient dix millions d'habitans, et si tous, ou une portion déterminée, veulent être libres, qui pourra l'empêcher? Je ne vois autour de nous d'autres ennemis que ceux que nous connaissons tous dans l'intérieur de notre pays, nos propres passions et le manque de fermeté dans les idées : la guerre de l'Orient et la situation de la France nous mettent à couvert de tout danger extérieur.

Dépouillons-nous des affections, des vieilles maximes, de tous moyens imaginaires, et ne comptons que sur les ressources qui ne sortent point du circuit de notre partie européenne, privilégiée par la nature, et nous serons alors tout ce que nous voudrons être.

Ce ne sont pas les grands armemens, ni les trésors qui ont soutenu la liberté des peuples les plus célèbres dont parle l'histoire ancienne, et même la moderne, mais l'habileté du gouvernement et la vertu en général des gouverneurs et des gouvernés. Je ne crois pas nécessaire non plus ce degré de lumières, dont plusieurs prétendent que le peuple a besoin pour être libre : il suffit qu'il ait de l'honneur, et qu'il ne veuille pas être esclave. Je vais peut-être heurter des opinions trop dominantes, mais je dirai que les hommes qui ont le mieux soutenu leurs libertés, sont ceux qui se sont trouvés moins éloignés de l'état de nature ; et que l'excès de la civilisation se touche avec celui de la corruption, non pas que l'on doive attribuer cet effet au savoir, mais parce que le savoir raffine tellement les jouissances de la société, que pour ne pas s'exposer à les perdre ; l'homme se soumet aux conditions les plus humiliantes. A l'appui de ce raisonnement, voyez ces villes magnifiques et populeuses de l'Europe, recevoir sans résistance, et obéir à celui qui les a traversées avec un simple détachement.

Dans l'état actuel des choses, il faut que la nouvelle représentation nationale pense aux moyens d'appliquer, en grand, les remèdes nécessaires. Elle doit pour cela ne pas perdre de vue ce qu'elle est, ce qu'elle peut, et ce qu'elle vaut, sans confondre son pouvoir souverain avec celui que possédait l'ancien conseil de Castille, comme la dernière représentation qui vient de se terminer l'a confondu, en en jugeant d'après ses opérations.

Elle doit prendre toutes les mesures énergiques, extraordinaires ( et même, si l'on veut, violentes ), qu'exige la gravité de nos maux, sans ménagemens, ni déférences pour aucune classe ni personne : car si la nation périt, tous périront tôt ou tard ; mais si elle se sauve, nous nous sauverons tous, et nous sauverons sur tout notre gloire et notre liberté, que tout l'or du monde ne peut payer, ni acheter. Nous ferons alors voir à l'Europe que notre constance a été au-dessus de nos infortunes, à des infortunes intérieures, pires que les extérieures, puisqu'elles ont été excitées et produites par ceux mêmes qui étaient chargés de notre administration et du gouvernement.

Faisons la balance de nos ressources, et conformons-nous à la loi impérieuse de la nécessité : effectuons la réforme qu'elle exige, et rejetons les idées fantastiques de vouloir étaler, dans nos jours de calamités, plus de faste que dans les temps opulens d'un Ferdinand VI et d'un Charles III. L'Espagne ne possède plus les mines inépuisables qui soutinrent si long-temps une cour corrompue : la réforme doit donc commencer par le palais.

La nation, réduite uniquement à sa partie européenne, ne peut plus entretetenir des conseillers avec six mille piastres de revenu, et d'autres traitemens semblables. Il est indispensable que tout cela s'établisse en raison exacte de notre position actuelle, sans marcher plus long-temps dans la confusion, et dans les chimères de la fantasmagorie. Ne nous effrayons pas d'entendre nos timides politiques, car il n'importe nullement qu'une chose soit écrite, si les temps ont changé depuis : tout titre de propriété n'est qu'un chiffon de papier, quand la possession, bien ou mal acquise, est entre les mains d'un autre ; toutes déclamations ou questions de droit sont souverainement ridicules, quand les choses existent par le fait, et qu'il n'y a pas moyen de le détruire.

Déchirons le voile qu'un procédé bas et trompeur a jeté sur les affaires d'Amérique; *il est de fait, que cette partie qui a appartenu à l'Espagne, ne lui apartient plus.* Cet événement, d'une si grande importance, exige un changement absolu dans notre politique, dans nos finances, et dans toutes les branches de notre administration; car un gouvernement qui perd les trois quarts de ses ressources, est forcé de réformer les trois quarts de ses dépenses, et s'il ne le fait pas, le préjudice retombera sur lui, et il se ruinera sans remède.

Il est indispensable que la raison, poussée par la nécessité, vienne occuper la place de l'obstination, surtout quand il n'y a pas d'autre remède. Il n'en reste plus qu'un pour arrêter les maux que cause à la nation espagnole la funeste guerre d'Amérique; *c'est la reconnaissance de son indépendance.*

Nous pourrons retirer des traités ce qu'il est impossible d'espérer d'une guerre qui de notre part est purement nominale, et dans laquelle nous n'éprouvons que des pertes, sans aucune des compensations qu'on a coutume d'avoir dans toute autre espèce de guerre.

Pendant ce temps, nos adversaires s'instruisent, et ayant déjà fait tous les sacrifices qui dans le commencement, rendent si à craindre ce fléau de l'espèce humaine, ils sont maintenant en état de soutenir à jamais la guerre, aux dépens des Espagnols eux-mêmes, qui leur servent à augmenter leurs forces maritimes, avec lesquelles ils détruisent jusqu'à notre commerce de cabotage, en envoyant de petites escadres pour bloquer nos côtes.

Ceux qui s'étonnent d'entendre ce langage, que j'ai déjà tenu dans d'autres temps sur le même sujet, pourront sans doute me dire quels sont les moyens que nous avons pour continuer la guerre d'outre-mer.

Que les Espagnols de Lima nous disent quels secours leur ont été envoyés depuis quelque temps par ceux qui, à Madrid ou ailleurs, demandent la guerre; combien à Vera-Cruz, et combien à la Terre-Ferme? Mais quand bien même on pourrait destiner quelque chose à cet objet, suffit-il d'envoyer aujourd'hui un vaisseau, et un cadre d'officiers dans un an ou deux? Cette manière, ridicule en elle-même, de faire la guerre, est ce que pouvaient désirer de mieux nos adversaires, pour avoir le temps de discipliner leurs troupes, pour se maintenir dans une attitude belliqueuse, et pour étouffer leurs dissensions intérieures.

Je crois que les derniers événemens ont complètement démenti ceux qui voulaient faire croire au gouvernement, que nous avions un grand parti en Amérique. Il paraît que ceux qui comptaient sur les grandes dissensions entre les habitans de Buenos-Aires, n'ont pas considéré qu'il ne s'agissait entr'eux que de quelques individus, ou de tout autre incident; mais qu'aucun parti n'a nommé le gouvernement espagnol.

Il n'y a guère de nation qui n'ait eu des factions dans le cours de sa révolution; mais un intérêt général les réunit toujours. La France a été déchirée par une guerre intestine, mais les Français triomphaient de toute l'Europe liguée contre eux. Euribiades et Thémistocle étaient rivaux; mais tous deux se battirent contre les Perses pour la liberté de la Grèce. Ceux qui veulent la continuation de cette guerre, et qui n'ont pas d'autres moyens, en auront déjà reconnu l'inefficacité, et il faut dire à celui qui persiste dans cette opinion, qu'il veut prolonger les maux de la nation et la ruine totale du commerce.

Ne confondons pas la dignité nationale exaltée par les intérêts de quelques personnes, avec une folie qui ne peut produire aucun bien, mais beaucoup de maux. La raison d'état et l'utilité générale réclament des mesures différentes de celles adoptées jusqu'à présent. D'autres gouvernemens, aussi jaloux de leur gloire et de leurs intérêts, ont cédé à la loi de la nécessité. L'Angleterre, avec des moyens bien plus puissans que les nôtres, a été forcée de reconnaître l'indépendance de ses colonies, et elle n'a pas cessé pour cela d'occuper le haut rang dont elle jouit parmi les grandes puissances. L'Espagne elle-même n'a-t-elle pas été forcée de consentir à la perte de la Hollande et du Portugal, dans un temps où elle était bien plus puissante qu'aujourd'hui ? Encore était-ce sur le même continent.

Il ne sera donc pas étonnant que l'Espagne d'aujourd'hui fasse ce qu'elle a fait autrefois, et ce qu'ont fait d'autres nations qui n'ont pas pour cela cessé d'exister politiquement. Espagnols, notre situation actuelle exige des mesures aussi extraordinaires que le sont nos besoins : le bien de la patrie exige une réforme ; mais *une réforme radicale*, et non pas telle que celle à la quelle on a donné ce nom jusqu'à présent.

Représentans à venir du peuple Espagnol.

C'est à vous qu'est réservé ce grand ouvrage. Je sais bien qu'au 1er. mars 1822, il vous sera bien plus difficile de l'exécuter, qu'il ne l'eût été, le 9 juillet 1820, à mes collégues, les députés sortans. Pendant les deux ministères, et les législatures de 1820 et 1821, l'Espagne a plus perdu que dans les deux malheureuses époques, de six années chacune, la guerre de Napoléon de 1808 à 1814, et le gouvernement absolu et despotique de 1814 à 1820.

Ne vous étonnez pas de ce que j'avance, et, si vous en doutez, rappelez-vous que pendant les deux dernières années nous avons perdu les deux riches empires du Mexique et du Pérou, avec presque toute l'Amérique, et qu'on a achevé de désorganiser et de détruire l'armée, la marine, le commerce, et le trésor public, en surchargeant encore nos finances par des emprunts *volontaires* et *malins*, dont les intérêts seuls montent à près de 80 millions de réaux de vellon, qui est presque le quart de la Péninsule, pauvre et misérable pourra payer aujourd'hui.

Mais outre ces maux physiques, il en existe un moral infiniment plus grand; c'est la multitude de partis, de factions, et même de conciles secrets qu'il y a dans la nation, qui ont détruit l'opinion publique et l'union nationale, en tournant en ridicule, en mépris, et même en haine, la constitution et les nouvelles institutions, comme si celles-ci, et non pas nos passions et nos vices, étaient la cause de tous les maux actuels, qui arriveront au dernier degré, si vous ne les arrêtez pas sur-le-champ, par votre détermination et votre énergie.

Je vous répète que, le 1er. mars 1822, vous aurez à vaincre de plus grands obstacles, que n'en auraient eu mes collégues au 9 juillet 1820. Mais, par la même raison, votre gloire en sera plus grande : en outre, par égoïsme, vous devez maintenant être des héros. Vous ne pouvez plus embrouiller les affaires et passer le temps de votre députation, comme l'ont fait mes collégues avec des emprunts en déguisant et cachant le mal : il est déjà si grand, que si, lorsque vous occuperez les chaires de législateurs, vous ne prenez pas la résolution de soutenir l'édifice social avec les forces d'Hercule, il croulera bientôt, et vous ensevelira sous ses ruines.

Quoique je ne puisse assurer comment arrivera cette chute, j'affirmerai cependant qu'elle ne sera pas causée par le despotisme royal, comme en 1814; car le prestige s'est évanoui, et ce sera encore moins par l'aristocratie des deux chambres : cela est absolument impossible en Espagne, où le peuple est le plus démocrate de l'Europe, et où cette législation n'a jamais eu lieu dans les temps les plus reculés. Quoique les députés fussent nommés par ceux de leur classe, c'est-à-dire les prêtres par ceux de leur ordre; les nobles par les membres de la noblesse, et ceux du peuple par les villes ou communes, ces trois ordres n'en formaient qu'un, se réunissaient en une seule chambre et délibéraient ensemble; ainsi, d'après les anciens usages, d'après les actuels et d'après les nouvelles lumières du siècle, les Espagnols souffriraient plutôt la tyrannie militaire de Maroc, que celle de deux cents ou trois cents aristocrates réunis en chambre des pairs.

Ce qui, dans ce moment, paraît le plus probable et le plus prochain, si, sur-le-champ, vous n'y apportez pas des remèdes convenables, et même violens, quel que soit celui qui en souffre (puisqu'il n'y a aucun risque présent, ni éloigné, de conquête et d'invasion étrangère, ainsi que je l'ai dit, que je le répète et que je le répéterai toujours), c'est, dis-je, une dissolution partielle, qui finira par une union fédérative, plus ou moins bonne, selon les circonstances ; mais elle sera toujours précédée de l'anarchie la plus épouvantable ; car, quoique les étrangers ne puissent envoyer des armées contre la péninsule, cependant eux, et les mauvais Espagnols qui sont de leur parti, peuvent attiser le feu de la discorde, comme ils l'ont fait et le font dans ce moment, pour que les événemens de la Navarre et des autres provinces du Nord, se renouvellent dans celles du Sud et partout.

Alors toute l'Espagne se remplirait de partis et de gens armés, sous différens titres, les uns de *soldats de la foi*, les autres du *roi absolu*, et tous pour satisfaire leurs passions ; le sang espagnol coulerait par torrens, sans vouloir s'entendre, comme il arriva, dit-on, dans le camp d'Agramante et dans la tour de Babel. Il est naturel que, dans tous ces chocs, celui qui possède le plus, perde davantage, depuis le roi, le haut clergé et la haute noblesse, jusqu'au dernier commerçant et au laboureur qui aura de l'argent ou des effets.

Ne pensez pas, représentans du peuple, que je veuille vous exciter par des idées *exaltées* et *exagérées*.

Tout ce que j'ai dit, et peut-être encore plus, arrivera, si vous ne prenez pas des mesures pour l'éviter, et cela serait déjà arrivé, si la mission de mes collégues eût duré plus long-temps. L'approche seule de votre session a pu retarder l'explosion ; mais elle sera encore plus terrible si vous ne remediez au mal, en le sondant jusqu'à sa source et jusqu'à sa racine.

Si vous ne le faites pas ainsi, les provinces, les villes, les villages, les corps militaires, et jusqu'aux individus, tous éclateront, parceque comme on ne paye personne, comme on demande à tout le monde, comme on exige même ce qu'on n'a pas ; et comme personne ne trouve à travailler, ni à gagner le pain dont il a besoin, ni le paysan, ni le fabricant, ni le commerçant, personne, enfin, personne, et surtout (comme on ne rend aucune justice) il est de toute impossibilité qu'un tel état de choses aussi désordonné et aussi désespéré puisse subsister.

Je me serai peut-être trop étendu sur les deux objets, que je regarde comme *capitaux*, pour démontrer que ce n'est pas la constitution, mais son inobservation, qui est la cause de nos maux, et que sans la paix avec l'Amérique, *quelle qu'elle soit*, il ne peut y avoir de bonheur dans la péninsule : mais je répète que je regarde ces deux choses comme *capitales;* car le discrédit de la constitution nous ôte la force *morale*, et la guerre d'Amérique, (plus funeste mille fois que celle de Napoléon), nous enlève la force *physique*, et nous entraîne à notre perte à pas de géans. Chaque jour de retard rendra la paix plus difficile, plus désavantageuse pour la péninsule et pour toute l'Europe; car ne pouvant plus éviter que l'Amérique nous échappe, et se sépare de l'Espagne, et par conséquent de l'Europe, nous devons chercher le moyen pour que cette séparation s'éloigne le moins possible.

Il est bien certain que si l'Amérique se forme en république, ses relations avec l'Espagne et avec l'Europe deviendront bien plus difficiles, que si elle y conservait le gouvernement monarchique.

La Sainte-Alliance et toutes les puissances de l'Europe ont aujourd'hui un très-grand intérêt à ce que nous envoyions, sur-le-champ, deux princes de la dynastie actuelle pour régner, ou commander l'un au Mexique, et l'autre au Pérou : de cette manière, ces riches régions resteraient, pour ainsi dire, encore liées avec l'Espagne et avec l'Europe.

Mais, loin d'agir ainsi, on fait de nouveau l'envoi ridicule de commissaires, pour traiter seulement de pacification, et non pas de l'indépendance, ainsi que l'a proposé le seigneur Pelegrin : qu'arrivera-t-il? D'abord, on perdra deux autres années et beaucoup de dépense pour envoyer ces commissaires, aussi inutiles que ceux de l'année 1820 : aucun des gouvernemens d'Amérique ne les laissera pas même débarquer, et s'ils sont pris, ils seront pendus comme des espions.

Le Mexique dira ensuite que, puisque l'Espagne n'admet pas le plan d'égalité, ni le traité de Cordoue, il n'est pas obligé à son accomplissement, et il se déclarera en république, ainsi que le Pérou. Ils y seront fortement incités par les Etats-Unis, à qui il ne convient point qu'il y ait en Amérique des rois, des empereurs, ni des monarchies.

S'il en arrive ainsi, adieu les relations avec l'Espagne et même avec l'Europe; car alors, non-seulement ils ne nous laisseront pas l'avantage des dix pour cent sur les droits, mais ils nous déclareront une guerre éternelle.

Ils diront qu'ils sont en plus grand nombre et plus puissans que nous; que ce n'est point de nous qu'ils ont à recevoir leur indépendance, mais que c'est à eux à nous accorder la nôtre; que nous devrons aller recevoir chez eux et leur demander la paix à genoux. Et si, par la suite, ils défendent aux Européens d'aller chercher l'or et l'argent de leur pays; s'ils mettent de gros droits sur les marchandises d'Europe, en soie, coton, etc.; s'ils reçoivent les nations asiatiques dans leurs ports de la mer du Sud, à San-Blas, Acapulco, Guayaquil, Lima et Valparayso avec des droits modérés, tout l'argent de Guanajuato et du Potosi s'écoulera à la Chine, dans l'Inde et au Japon, et il n'en viendra plus à Madrid, à Paris, ni à Londres.

Ce coup sera plus funeste pour l'Espagne et pour l'Europe, que celui de l'émancipation. Tout le monde voit et craint cela, parce que tout le monde sait que les Américains, et surtout les Mexicains et les Péruviens, peuvent changer le cours du commerce, appauvrir et même ruiner l'Europe, en la privant de leurs métaux précieux, pour les envoyer en Asie, où ils s'assortiront et s'habilleront, par la facilité des communications avec leurs ports de la mer pacifique.

Il n'y a que le seigneur Pelegrin qui ignore ces choses-là. Mais, que peut prévoir S. E., si c'est un pauvre homme, et si sa vue politique, commerciale et économique n'atteint pas à un palme de son nez?

Si l'on demandait lequel des deux ministères de 1820 ou 1821, a fait le plus de mal, je ne saurais que répondre ; car, quoique les désordres aient été infiniment plus grands en 1821 qu'en 1820, cependant de même que Riégo a la gloire de s'être prononcé le premier, de même le ministère de 1820 a le malheur d'avoir, le premier, contrarié la révolution, et d'avoir commencé à ouvrir la route du *Modérantisme*, de la fausseté, de la dissimulation et de toutes les erreurs qui nous ont placés sur le bord de l'abîme.

Pour rendre hommage à la vérité, je dois pourtant déclarer que, je crois, que le premier ministère de 1820 n'a pas agi avec méchanceté, mais qu'il a été induit en erreur par la correspondance d'O-Donojù ( *les pages* ), et peut-être exalté par son amour véhément pour la liberté, craignant les baïonnettes, d'après l'exemple de Napoléon, etc.; je crois surtout qu'il n'a jamais été en relations avec la Sainte-Alliance, ni avec les ultrà-français, ni avec qui que ce soit. Je n'oserais pas en dire autant du second de 1821; car, tant d'absurdités et de bévues dans toutes les branches de l'administration, si elles ne sont pas nées de la méchanceté, doivent provenir de l'ignorance la plus stupide.

A l'égard des Cortès de 1820 et 1821, *la faiblesse* et *la dissimulation* ont été leur devise, pour perdre la nation. Pour la sauver maintenant, vous devez suivre un chemin tout opposé: vous devez avoir pour guides *la force* et *la franchise*, cherchant d'abord à découvrir tout le mal, et, s'il est nécessaire, le faire connaître au peuple par le moyen d'une adresse, afin qu'il se prépare à recevoir une cure radicale, quelque cruelle et violente qu'elle soit. Vous devez aussi nommer des commissions spéciales, pour vous présenter des moyens propres à rétablir le crédit public, le commerce, les tarifs et les finances; car, sans cela, tout est perdu: une autre commission spéciale sera chargée d'éclaircir et de vous faire connaître la vraie situation de l'Amérique, le besoin et le moyen de faire la paix, de quelque manière que ce soit; car c'est ce que les Cortès, qui viennent de finir, ont pris le plus de soin de cacher, et c'est le point le plus intéressant, puisque, sans la paix avec l'Amérique, et sans que nous sachions définitivement comment nous sommes et combien nous restons, il est impossible de rien régler sur ce que nous venons de dire, ni pour l'armée, la marine, etc., etc., etc. Autrement nous marcherons toujours, comme auparavant, en aveugles, dans le plus grand désordre et sans aucun plan : enfin, je vous conjure, au nom de ma chère patrie, en vous répétant ce que je vous ai déjà dit, que l'*égoïsme doit vous rendre des héros*, sans quoi l'édifice s'écroule, et vous serez ensevelis sous ses ruines.

Je vous conjure donc (s'il est nécessaire pour le salut de la patrie), de déclarer écoulées les huit années fixées par la constitution, et qu'il y a incapacité dans le gouvernement, de ne pas hésiter à faire ces deux déclarations, puisque vous y êtes autorisés par la constitution même; d'ailleurs, si la patrie périt, personne ne peut se sauver, et elle est préférable à tous les hommes et au-dessus de toutes les considérations.

*Représentans futurs du peuple*, j'espère que vous croirez tout ce que vous dit, dans cet écrit, un député qui cesse ses fonctions, et qui pleure, en larmes de sang, les maux qu'il n'a pu éviter; un député qui n'appartient à aucun autre parti qu'à celui de la raison ; qui n'a d'autre intérêt que celui de sa malheureuse patrie ; qui n'a jamais agi *avec passion, mais d'après sa conviction*, et selon l'aspect que présentaient les affaires publiques.

Parti, (il y a près d'un an), de cette ville, avec la résolution de demander que le premier ministère de 1820, fût déclaré responsable des maux qu'avait causé son administration, j'arrivai à Madrid le 2 mars. A la vue de sa violente déposition dans ces circonstances critiques, mon amour pour la patrie et pour la liberté, et ma haine pour la tyrannie, me donnèrent beaucoup à penser, et loin de chercher à offenser les ministres, je fus le premier à les défendre, et je demandai qu'il leur fût accordé à chacun d'eux 60 mille réaux de pension annuelle pour leur subsistance, et surtout afin de punir la mauvaise intention liberticide, cause de cette déposition extraordinaire.

Mais en cela je n'ai point entendu attaquer en rien les prérogatives du trône ; au contraire personne ne les a défendues en public et en secret, avec plus de chaleur que moi : ce n'est pas que je sois ami, ni ennemi du roi. En le considérant comme homme, je ne l'aime ni ne le hais : en le regardant comme mon roi, je ne l'aimai point et je ne pus l'aimer, pendant qu'il fut roi *absolu*; mais tant qu'il sera roi *constitutionnel*, je le respecte et je le respecterai toujours. C'est d'après cette idée que jai dit en plein congrès que j'étais *royaliste*, c'est-à-dire *royaliste constitutionnel* et rien de plus, ni maintenant, ni jamais.

Quoique j'aye été taxé calomnieusement de *jacobin* et de *républicain*, je défie hautement tous mes adversaires de donner de plus grandes preuves de *royaliste constitutionnel* que je n'en ai donné. Je puis citer, entre autres, la séance publique du 3 mars de l'année passée 1821, où le comte de Toreno lut et présenta la réponse au discours d'ouverture de S. M., dans laquelle il laissait sans réponse les dernières phrases du discours du roi, sous prétexte qu'elles n'avaient pas été mises par les ministres. Il se fonda sur des principes *anti-monarchiques* et *anarchiques*, qui faisaient passer le roi pour un mannequin ou un *automate*, qui ne pouvait ni lire ni parler que par les yeux et par la bouche des ministres. Je m'élevai contre des doctrines si funestes, et on répondit à tout le contenu du discours.

J'en ai encore donné d'autres preuves en secret, dans la mémorable séance de la nuit du 7 novembre 1820, en m'opposant à une détermination scandaleuse. Dieu m'inspira des moyens de persuasion si extraordinaires (peut-être en récompense de la sincérité de mon âme), que le comte de Toreno renonça à la parole, en disant qu'il n'avait rien à ajouter à ce que je venais d'exposer. Le seigneur Martinez de la Rosa me dit, que jamais je n'avais parlé comme dans ce moment, et qu'il était à regreter qu'il n'y eût pas là de tachigraphe, car il serait impossible que je l'écrivisse.

Je relève ces particularités, non pas pour tirer vanité, mais pour que certains messieurs, qui maintenant tranchent d'*ultrà-royalistes*.... se rappellent ce qu'ils m'ont dit, et ce qu'ils me proposèrent en vertu de l'article 187 de la constitution, et que je rejetai dans cette terrible nuit. Qu'ils prennent garde de me forcer à parler et à écrire, car ces propositions me furent faites hors de la séance, et personne ne peut m'obliger à me taire. Je ne me tais aujourd'hui que pour l'honneur de certains individus, en considérant qu'ils ont été mes collégues, et par ménagemens pour un corps, qui (après avoir commencé par rabaisser la majesté nationale, en s'agenouillant aux pieds du trône, et après avoir fini par restreindre les libertés publiques), a représenté la nation pendant les deux années.

Je ne crains rien; les menaces, ni les promesses ne sont pas capables de m'émouvoir: Socrate, pour avoir dit la vérité, a bu la ciguë. Ici, je n'ai dit que la vérité, et je suis préparé à tout pour le salut et la liberté de ma patrie.

Cadix, 16 février 1822.

Le député aux cortès pour la province de Cordoue.

JOSEPH MORENO DE GUERRA.

www.ingramcontent.com/pod-product-compliance
Lightning Source LLC
LaVergne TN
LVHW020407230826
846091LV00004B/1186

* 9 7 8 2 0 1 3 3 6 9 7 9 4 *